Reiner Andreas Neuschäfer

Alles aus!?

Kopiervorlagen zum Thema Trauer, Trost und Hoffnung

Sekundarstufe I

Vandenhoeck & Ruprecht

Das brennt mir auf der Seele

Alle Bibelstellen: Lutherbibel, revidierter Text 1984, durchgesehene Ausgabe in neuer Rechtschreibung
© 1999 Deutsche Bibelgesellschaft Stuttgart

Mit Zeichnungen von Katrin Wolff.

Bibliografische Information der Deutschen Naionalbibliothek

Die Deutsche Nationalbibliothek verzeichnet diese Publikation in der Deutschen Nationalbibliografie; detaillierte bibliografische Daten sind im Internet über http://dnb.d-nb.de abrufbar.

ISBN 978-3-525-61600-0

Satz: Daniela Weiland, Göttingen
Druck und Bindung: ⊕ Hubert & Co, Göttingen

Gedruckt auf alterungsbeständigem Papier

Inhalt

Zum Gebrauch dieses Heftes

„Alles aus": Wer das glaubt, der ist in Not, ist ruhelos: Ich stoße an Grenzen, Hoffnungen zerschlagen sich, ich stehe vor dem Nichts, verliere einen nahen Menschen – an den Tod? Und weiter? Wie viel Schmerz und Trauer lasse ich zu, wie verhindere ich, dass der Tod eines anderen auch mich beschädigt?
Wenn ich mich fühle, als sei „alles aus" – lese ich da? Einige der in diesem Heft zusammengestellten Materialien eignen sich durchaus – Trostworte der Bibel finden sich, Ermutigendes zum Zulassen des Schmerzes, zum Klagen und Beten. Häufiger sollten die Materialien jedoch unabhängig vom konkreten Notfall eingesetzt werden: Weil das Thema Tod, Trost, Hoffnung im Erleben der Jugendlichen stets auch unter der Oberfläche virulent ist.

Das brennt mir auf der Seele – die Reihe

Lehrer und Lehrerin sein – dass das weit über das Vermitteln des Unterrichtsstoffs hinausgeht, ist allen Beteiligten klar. Die Schülerinnen und Schüler bringen ihren Alltag mit in die Schule, ihre Freuden und Sorgen, ihr Leid. Das mag den Unterricht bisweilen „stören" – das Lernen fürs Leben aber wird es fördern, wenn, ja wenn solche Themen aufgegriffen und pädagogisch und menschlich ernst genommen werden.
Die Reihe „Das brennt mir auf der Seele" bietet Materialien, die es ermöglichen, die „typischen Seelenschmerzen" von Jugendlichen zu thematisieren, aufzuarbeiten und Lösungsimpulse bereitzustellen – präventiv im Klassen- oder Projektunterricht oder auch aus gegebenem Anlass.
Die Kopiervorlagen sind thematisch gruppiert, in der Regel aber einzeln verwendbar. Sie bieten Texte, Impulse, Bilder zur individuellen Auseinandersetzung – allein oder zusammen mit anderen; sie sind also zur Einzel- wie zur Partner- oder Gruppenarbeit einsetzbar. Bei Fragen der Seele sind Antworten kaum je „fertig" und auf keinen Fall als „richtig" oder „falsch" zu kategorisieren. Dementsprechend bedarf es keiner Einzelevaluation der Blätter. Angeboten wird aber ein Auswertungsbogen für das Ende einer möglichen Unterrichtsreihe oder Projektwoche, der nach längerer Beschäftigung mit dem Thema danach fragt, welchen Weg der Einzelne gegangen ist und welche Erfahrungen er mitnehmen wird.

Zur Sache: Trauer, Trost und Hoffnung

„Danke, dass wir das mit der Kerze machen konnten! Anderswo war dafür kein Raum." Ragna hat das gesagt, eine Schülerin der 7. Klasse, nach einer symbolhaltigen Gedenkminute für einen unerwartet verstorbenen Lehrer. Es war den Jugendlichen nicht genug, nur reden oder schweigen zu können. Sie brauchten etwas Sichtbares für ihre Seele, etwas, das dem inneren Zustand Ausdruck und Stütze geben konnte. In der schlichten Kerze, die zu einer Gedenkkerze umfunktioniert worden war, konzentrierte sich die Sehnsucht nach einem Halt.

Wenn Tod ins Leben einbricht, machen sich Sprach-, Hilf-, Hoffnungslosigkeit breit. Gut, wenn jemand da ist, der das auffängt. Besser noch, wenn Jugendliche auf ein Netz von Denkmöglichkeiten, Handlungsmöglichkeiten, Möglichkeiten im Umgang mit Schock, Abschied, Trauer zurückgreifen können. Das Material will dazu anregen, solch ein Netz zu knüpfen. Darüber hinaus bietet es Impulse für den Ernstfall.

Neben Annäherungen an die Thematik „Tod und Trauer" kommen weitere „Alles aus"-Themen" in den Blick: das Sich-Reiben an Grenzen, der Umgang mit Zeit – endlich und unendlich –, Fragen des Lebenssinns, Lebensendes, eines Lebens nach dem Tod. Alltag und Bibel deuten einander gegenseitig. Worte, die trösten, kann man sich nicht selbst zusprechen. Die müssen von anderen kommen, von Mitmenschen, fremden oder vertrauten, oder von dem, der sagt: „Fürchte dich nicht; ich habe dich bei deinem Namen gerufen; du bist mein." Mitgenommen werden soll der Ausblick auf ein Weiterleben im Angesicht des Todes nach dem Motto „Der Tod gehört zum Leben, aber das Leben gehört nicht dem Tod!"

Ich wünsche Ihnen und Ihren Schülerinnen und Schülern ertragreiche Stunden.

Reiner Andreas Neuschäfer   im November 2006

Grenzen – dazu fällt mir eine Menge ein!

Was geht *dir* dabei durch den Kopf? Was für Bilder siehst du?
Brauchst du Grenzen? Provozieren sie dich?

Grenzen

_____ _____

_____ _____ _____

_____ _____ _____ _____

_____

Ergänze dieses „Elfchen": Schreibe in die Zeilen nacheinander Worte, die dir
zum Stichwort „Grenzen" durch den Kopf gehen. Spiele dabei ruhig mit den einzelnen Wörtern. Vielleicht hilft dir folgendes Beispiel zum Thema „blau":

blau
weites Meer
ich habe Durst
nicht unmäßig trinken sonst
blau

Grenzenlos sein, die Grenzen los sein – das wäre für mich:
schönschrecklichschadeschlimmschädlichattraktiv
angenehmabscheulichanziehendärgerlich

_____

_____

_____

_____

_____

Täglich begegne ich Grenzen

☐ Zu Hause

☐ In der Schule

☐ Beim Handy

☐ Im Internet

☐ Auf dem Konto

☐ In meinem Kopf

Was setzt *dir* Grenzen?

☐ Die Speicherkapazität des PC

☐ Das Chaos deines Zimmers

☐ Die Geduld deiner Mitmenschen

☐ Das Wetter

☐ Belastbarkeit

☐ Deine Lust

Verweile bei den Stichworten: Schreib „w" für „wahr" oder „f" für „falsch" – du solltest dich nur für „w" entscheiden, wenn dir spontan ein Beispiel einfällt. Erinnerst du dich sogar noch an deine erste Grenze, die du erlebt hast?

Wie würdest du dieses Skizze beschreiben? Beziehe sie auf deine Grenzen. Gib ihr einen Titel oder formuliere ein Motto:

_____

_____

_____

Meine engen Grenzen

Du, Gott, weißt um die engen Grenzen,
die ich immer wieder erlebe,
wenn ich mit anderen zu tun habe.
Warum sind die anderen so anders?
Verstehen sie mich überhaupt nicht?
Wie kann ich sie mögen?

Enttäuschungen lähmen mich.
Nur selten springe ich über meinen Schatten.
Mich bedrückt, was passiert ist.
Mich beklemmt, wie hilflos ich bin.
Was bekomme ich überhaupt noch hin?

Mir ist oft bange.
Ich würde ja gern, aber …
Ob ich wieder enttäuscht werde?
Habe ich das verdient?

Vieles, was ich mir bisher gewünscht habe,
ist nicht in Erfüllung gegangen.
Manches, wonach ich mich gesehnt habe,
habe ich noch nicht erlebt.
Es gibt Wunden in meinem Herzen,
von denen nur du wirklich was weißt.
Ich bringe meine Sehnsucht vor dich.

Könnte das dein Gebet sein – ein Gebet für dich? Markiere Gedanken, die du
unterstreichen kannst. Spüre den Worten nach: Was erwartet der Beter von
Gott?

Von Bäumen lernen

Bäume sind die grüne Lunge,
atmen für uns Gifte ein,
die uns sonst zerstören würden;
sie erhalten uns das Leben.
Das möchte ich von den Bäumen lernen:
Schlechtes zu verändern,
Lebensspender sein,
Lebensspender sein.

Bäume stehen auf der Erde,
finden durch die Wurzeln Halt,
können sich im Winde wiegen
und die Stürme überstehen.
Das möchte ich von den Bäumen
lernen:
Einen Standpunkt haben,
ohne starr zu sein,
ohne starr zu sein.

Bäume treiben nach dem Winter,
wenn die warme Zeit beginnt.
Ihre Knospen wecken Hoffnung,
dass wir neu das Wachsen sehen.
Das möchte ich von den Bäumen lernen:
Kälte auszuhalten,
bis zum Neubeginn,
bis zum Neubeginn.

© Bettina Dörfel, Landesleiterin der Kirchlichen Frauenarbeit der Ev.-Luth. Landeskirche
  Sachsens

Illustriere das Gedicht nach deinem Geschmack.

Wenn ich durch ein Labyrinth gehe

Ich muss einen Anfang machen, um am Ziel anzukommen. Dann gehe ich los. Mal geht es einfach und schnell, dann wieder ist es schwierig und mühsam. Ich werde mutlos … Kann das nicht alles einfacher sein? Wer hat sich das bloß ausgedacht? Kann ich nicht einfach schummeln und querfeldein eine Abkürzung nehmen? Mist – schon wieder geht's ganz woanders lang!

Alles hat ein Ende, ein Ziel, einen Schlusspunkt. An welcher Stelle befindest du dich gerade? Du hast schon eine Menge hinter dir … Und nun? Du zögerst, zweifelst … Wie wäre es, du hättest den Überblick?! Stell dir vor, du könntest über diesem Labyrinth schweben. Was würdest du sehen? Wie würdest du dann gehen?

Dieses Labyrinth macht mich (un-)ruhig

Chartres

Gehe in Gedanken oder mit einem Stift diesem Labyrinth nach! Was sagst du: ruhig oder unruhig? Warum?

Irrgarten und Labyrinth – das ist ein großer Unterschied! Nämlich ...?

Ein Irrgarten soll

_____

_____

Ein Labyrinth soll

_____

_____

Welche Möglichkeiten habe ich?

1. Man muss das Leben eben nehmen, wie das Leben eben ist!

2. Der Lebensweg ist ein ständiges Hin und Her und Kreuz und Quer. Immer wieder ist ein Ende in Sicht oder etwas Neues blüht auf.

3. Immer, immer wieder geht die Sonne auf.

4. Und wenn es am schönsten ist, merkst du bald: Gleich ist das Schönste vorbei und die Sehnsucht bleibt …

5. Nach dem Dunkel kommt ein neuer Morgen.

6. Die Mitternacht ist der Anbruch eines neuen Tages.

7. Die Hoffnung stirbt zuletzt!

8. Jeder Tag schließt mit einem dunklen Ende. Unser Leben auch – … oder auch nicht!

Bewerte die Aussagen. Wo stimmst du zu, wo nicht?

Und nach welchem Motto lebst du?

Ich habe noch andere Labyrinthe gesehen

Skizziere ein Plakat zu einem Film mit dem Titel: „Labyrinthe".

Wovon handelt der Film?

_____

_____

_____

_____

_____

_____

_____

Was charakterisiert den Helden/die Heldin?

_____

_____

_____

Was für ein Ende siehst du vor?

_____

_____

_____

_____

Mein Labyrinth

HÜRDENPFÜTZENWIESEBÄCHLEINDORNENSTEINESANDTREIBSAND
STOCKSTROMFLUSSNADELNKREUZKNOTENAUFFAHRUNFALL
SACKGASSEABKÜRZUNGUMLEITUNGBAUSTELLETANKSTELLEPARKPLATZ
PARKBANKACHSELBRUCHPLATTEN

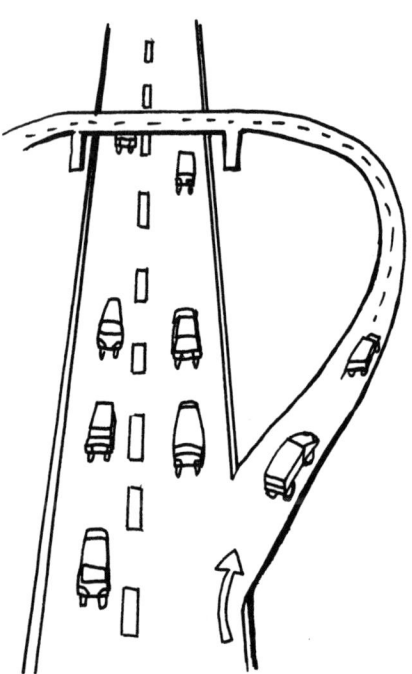

ASPHALTAUTOBAHNSTAURASTPLATZ
ÜBERHOLSPURSTANDSTREIFEN
HOPPELPFLASTERPISTEKURVE
SERPENTINEABHANGANHÖHERENNSTRECKE
WALDGEBIRGEDÜNENFREIEFAHRT
SIGHTSEEINGLINKSVERKEHRAMPEL
STRAFMANDATEINBAHNSTRASSE
LEITPLANKEVOLLSPERRUNGHEKTIKHUPE
BLINKLICHTFLUCHENSINGENGAS
BREMSEKUPPLUNGSCHEINWERFER

Wenn du dein bisheriges Leben als Weg darstellen wolltest – welche „Stationen" kämen vor?

Viele Wege gibt es auf dieser Welt ...

Wege
fordern Bewegung
Be-weg-ung
machen einem Beine
sind ausgetreten
oder neu angelegt

```
            w
    B       e
    Bewegung
        weg     t
        e
        g
```

Wege leiten mich
sie führen mich
zu vertrauten Plätzen
oder ins Ungewisse
sie machen Hoffnung
können spannend sein

```
Weg weg
weg  weg
bloß weg
Wo  Weg?
```

Wege verzweigen sich
du hast die Wahl –
die Qual der Wahl?
Wirklich eine Wahl?
Am Ziel willst du sagen:
I did it my way!

```
wagewege
wegwaweg
wegwarich
```

Sagt dir das was? Hake ein, bestätige oder verbessere.
Fallen dir weitere Wortspiele oder Wortbilder mit „weg" ein?

Carpe diem – pflücke den Tag!

„Carpe diem", flüstert John Keating in „Der Club der toten Dichter" seinen Schülern zu. Sie betrachten die Gesichter auf den Klassenfotos vergangener Jahrzehnte. Und der Lehrer für Literatur fragt: „Haben die meisten von ihnen nicht gewartet, bis es zu spät war, um in ihrem Leben nur ein Quäntchen von dem zu verwirklichen, wessen sie fähig waren? Wenn ihr sehr nahe herangeht, Jungs, dann hört ihr sie flüstern. Gehen Sie näher heran! – Carpe diem. Nutze den Tag. Macht etwas Ungewöhnliches aus eurem Leben!"

Was meint er? Was möchtest du verwirklicht haben, bevor es „zu spät" ist? Hast du schon mal einen Grabstein oder eine Todesanzeige eines Menschen gesehen, der jünger war als du? Wie passt das folgende Gebet dazu? Schreibt oder zeichnet, was euch dazu einfällt.

Herr,
lehre uns bedenken, dass wir sterben müssen,
damit wir klug werden.

Psalm 90,12

Im Gottesdienst ist dieser Psalm Gebet im Anschluss an die Abkündigung eines verstorbenen Gemeindeglieds. Was will er den Hinterbliebenen sagen?

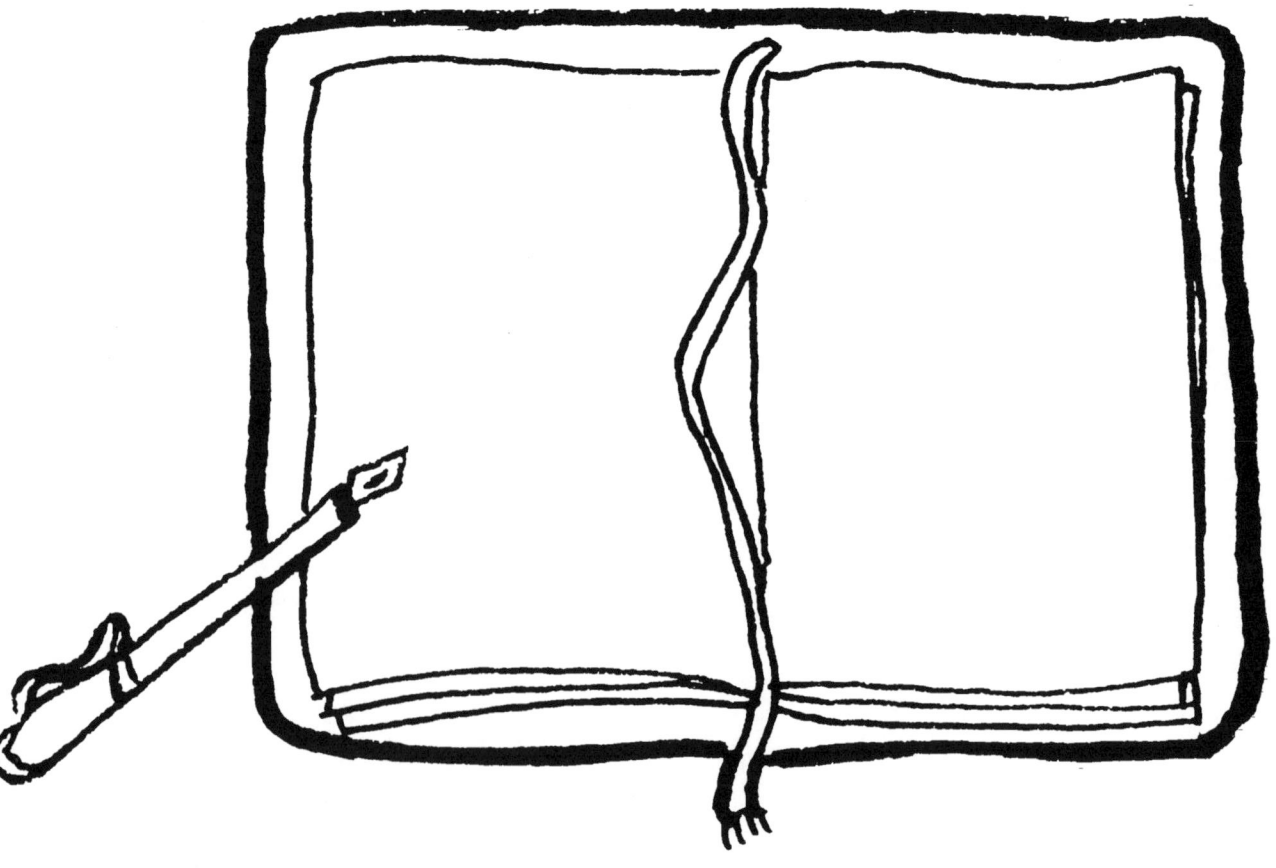

Mein Leben

Je älter ich werde,
desto schneller rast die Zeit.

Jetzt wo ich weiß, dass mir nicht mehr
viel Zeit bleibt, läuft durch die Sanduhr
meines Lebens Platin. Jedes Körnchen,
jeder Augenblick wird so
unsagbar kostbar.

Wie ich mein Leben
hier auf dem Planeten zubringe,
wird einmal Konsequenzen haben.
Mein Leben hat Folgen.

Heute fängt der Rest meines Lebens an. Und wie mein Leben
jetzt läuft oder gelaufen ist, wird sich schon bald bemerkbar
machen:

- so wie meine ersten Jahre in der Grundschule über meine weitere
  Schullaufbahn entschieden haben.
- so wie wenige Wochen schon entscheiden können, mit wem man durchs
  Leben gehen wird.

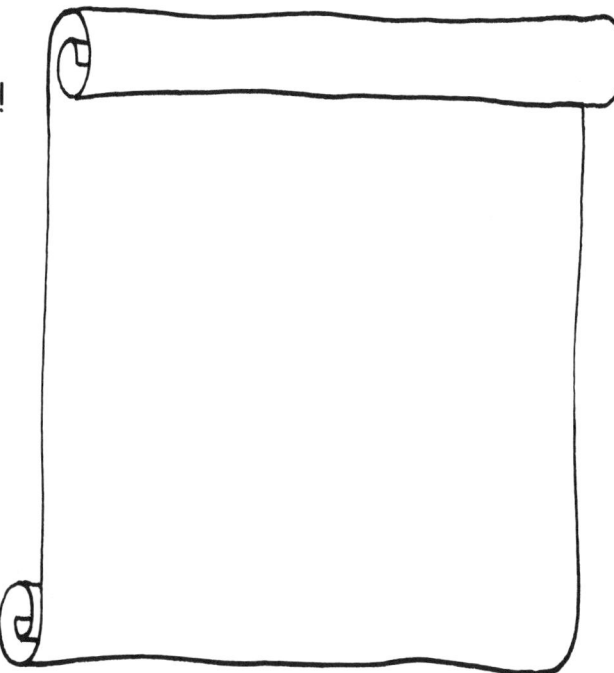

Gönne dir Schaffen und Lassen!
Lass Tun und Ruhen zu.
Und genieße jeden Augenblick,
den du noch hast.
Gott sei Dank!

Allerhand kluge Sprüche …
hake ein, wo es sich für dich lohnt.
Trage ein, was dir zur Länge oder
Kürze des Lebens wichtig scheint.

Das letzte Hemd hat keine Taschen

Was nehm ich mit, als wär es wichtig,
was halt ich täglich in der Hand!
Was aber werd ich bei mir haben,
am letzten Tag – dann, wenn ich geh?

Was seh ich im Vorübergehen
und will es haben, immer mehr!
Das aber, was man dringend will,
ist, wenn man's hat, schon alt.

Was ankommt, wo was rauskommt,
nur das macht heute noch was her.
Was aber, wenn es Opfer kostet
und einsam macht und ruhelos?

Ja, die Performance ist wohl wichtig –
doch haltbar ist er nicht, ihr Ruhm.
Erfolg magst du wohl kurz genießen –
am Ende spürst du: Alles Schein!

Darum _____

_____

_____

_____

_____

_____

Dichte die letzte Strophe, das „Fazit", selbst.
Deute die Überschrift.

Mach dich nicht verrückt!

Vieles, was dir die Tage verdunkelt,
entsteht durch Gedanken an die Zukunft,
an das Morgen, an das Später.
Verrückt eigentlich.
Ver-rückt.

Vieles, was dir die Tage verdunkelt,
entsteht durch Gedanken an die Vergangenheit,
an das Gestern, an das Früher.
Verrückt eigentlich.
Ver-rückt.

Wie wäre es, wenn dein Leben wäre wie Musik?
Jede Note, jeder Effekt
an der passenden Stelle platziert
und an der richtigen Stelle gespielt!

Nicht früher und nicht später.
Keine Note, kein Effekt ausgelassen.
Heute ist der heutige Tag zu spielen
und nicht irgendein Tag in imaginärer Zukunft.

Und wofür ist heute genau der richtige Tag?

_____

_____

_____

_____

_____

_____

_____

Aber gestern ist ja nicht vorbei!

Bei welcher Frage fällt dir sofort etwas ein? Bei welcher Frage zögerst du?

- Was hast du **gestern** als Erstes gesagt, als du aufgewacht bist?

- Wer hat sich **gestern** so verhalten, dass es dir gut getan hat?

- Wie lange warst du **gestern** im Internet?

- Was hast du **gestern** mit Genuss gegessen?

- Worüber bist du **gestern** traurig gewesen?

- Hattest du **gestern** Zeit, rumzuhängen? Wie lange?

- Hast du **gestern** ein Tier gesehen? Was hat es getan?

- Was hat dir **gestern** besonders viel Stress gemacht?

- Welche Handy-Melodie hat dir **gestern** besonders gefallen?

- Hast du **gestern** über dich selbst nachgedacht?

- Mit wem wärst du **gestern** am liebsten zusammen gewesen?

- Mit wem warst du **gestern** zusammen?

Wenn ich nicht mehr da bin

Ich glaube ans Bleiben. Was von mir bleibt, wenn ich nicht mehr da bin …

Was für mich wichtig bleibt, solange ich da bin …

Beschrifte deine Spuren und deine Schätze.

Wenn ich noch einen Tag zu leben hätte ...

Kaum zu glauben!

An so einen Gedanken will ich mich nicht gewöhnen.

Kann ich mich nicht gewöhnen.

Soll das denn schon alles gewesen sein?

Ja – was würde ich tun?

Tja – was wäre mir am wichtigsten?

Hmm – wem würde ich was sagen?

Entscheide selbst, welche dieser Fragen du beantworten willst bzw. kannst.

_____

_____

_____

_____

_____

_____

_____

_____

_____

... und warum **tue** ich das nicht **schon jetzt**?

Es wird Zeit!

Und sollte morgen die Welt untergehen,
würde ich heute noch mein Apfelbäumchen pflanzen!

Martin Luther soll das mal gesagt haben. Mit anderen Worten: Auch wenn ich wüsste, dass morgen nichts mehr vorhanden ist, könnte ich mich noch heute an der Schöpfung freuen. Auch wenn es morgen nichts mehr gibt, nichts mehr weitergeht: Noch heute kann ich etwas davon haben – und andere auch! Auch wenn morgen Schluss wäre, kann ich heute noch das Beste aus allem machen – für mich und für andere.

Was das dann wohl wäre?
Was wäre mein Apfelbäumchen?
Wo hinein würde ich noch investieren?

... in meine Beziehung?   ... in meine Eltern?   ... in meine Lieblingsaction?

Beschrifte die Früchte an deinem
Apfelbaum.

Der Johannisbrotbaum

Einer sah einmal einen Mann, der einen Johannisbrotbaum pflanzte. Er blieb bei ihm stehen und sah ihm zu und fragte: „Wann wird das Bäumchen denn die ersten Früchte tragen?" Der Mann antwortete: „In etwa siebzig Jahren!"

„Aber was gibst du dir dann solche Mühe?! In siebzig Jahren lebst du sicher nicht mehr und kannst die Früchte deiner Arbeit nicht mehr genießen. Warum pflanzt du nicht einen Baum, der früher Früchte trägt? Da hast du dann wenigstens etwas davon!"

Der Mann aber war fertig mit seiner Arbeit, schaute glücklich aus und antwortete: „Weißt du, als ich zur Welt kam, da fand ich eine Menge Johannisbrotbäume vor und aß von ihnen. Keinen davon hatte ich gepflanzt. Das hatten andere vor mir getan. Wenn ich das genossen habe, wofür ich keinen Finger gekrümmt habe, so will ich einen Baum pflanzen für meine Kinder oder Enkel. Sie sollen etwas davon haben und die Früchte genießen. Wir Menschen können nur bestehen, wenn einer dem anderen die Hand reicht!"

Nach einer chassidischen Weisheit

Zähle Dinge auf, die dir „in die Wiege gelegt" wurden; überlege, wem du dafür danken möchtest?

Wenn ich wüsste ... (nach dem 11. September 2001)

Wenn ich wüsste, dass es das letzte Mal ist,
dass ich dich einschlafen sehe,
würde ich dich besser zudecken
und zu Gott beten, er möge deine Seele schützen.

Wenn ich wüsste, dass es das letzte Mal ist,
dass ich dich zur Türe rausgehen sehe,
würde ich dich umarmen und küssen
und dich für einen weiteren Kuss zurückrufen.

Wenn ich wüsste, dass es das letzte Mal ist,
um einen Moment innezuhalten und dir zu sagen
Ich mag dich, anstatt davon auszugehen:
du weißt, dass ich dich mag,
würde ich alle Fantasie aufbringen, um dich das
besonders deutlich spüren zu lassen.

Wenn ich wüsste, dass es das letzte Mal ist, ...

_____

_____

_____

_____

_____

_____

_____

_____

_____

Bloß für den Fall … (nach dem 11. September 2001)

Es gibt sicherlich immer ein Morgen,
um ein Versehen oder einen Irrtum zu berichtigen.
Und wir erhalten immer eine zweite Chance,
um einfach alles in Ordnung zu bringen.

Es wird immer einen anderen Tag geben,
um zu sagen: Ich mag dich.
Und es gibt bestimmt eine weitere Chance,
um zu sagen: Kann ich etwas für dich tun?

Aber nur für den Fall, dass ich falsch liegen sollte,
und es bleibt nur der heutige Tag,
möchte ich dir sagen:

_____

_____

_____

_____

_____

_____

_____

_____

_____

_____

Und ich hoffe, dass wir nie vergessen:
Das *Morgen* ist niemandem versprochen,
weder Jung noch Alt.

Falls das Morgen niemals kommt ...

... wirst du bestimmt bereuen,
dass du dir keine Zeit genommen hast
für ein Lächeln, eine Umarmung oder einen Kuss
und dass du zu beschäftigt warst,
um jemandem etwas zuzugestehen,
was sich im Nachhinein
als sein letzter Wunsch herausstellt.

Halte die Menschen, denen du zugeneigt bist,
heute ganz fest und flüstere ihnen ins Ohr,
sag ihnen, wie sehr du sie magst
und dass du sie immer mögen wirst.
Nimm dir Zeit zu sagen:

_____

_____

_____

_____

_____

_____

_____

_____

_____

_____

Und sollte es kein Morgen geben,
musst du den heutigen Tag nicht bereuen!

Ein Abschied, den ich nie vergesse

Ich fühlte …

_____

_____

_____

_____

Angst   Trauer   Tränen   Wut   Hoffnung

   Ende   vorbei   Schluss machen   Ende

Augenblicke des Abschieds sind Momente, die Kraft kosten. Nicht selten sind sie sehr schmerzhaft – haftet Schmerz an ihnen. Augenblicke des Abschieds wecken Wehmut und Sehnsucht. Hin- und hergerissen zwischen dem „gerade eben noch" und dem „schon nicht mehr".

Abschied _nimmt_ man. Er ist zu greifen und zu spüren
- im Händedruck
- in der Umarmung
- in einem Kuss
- im letzten Augen-Blick.

Zeichne: Was ist für dich eine „schöne" Abschiedsszene?

Das scharfe Schwert Abschied

Im Französischen heißt es beim Abschiednehmen: Au revoir. Auf ein Wiedersehen! Im Englischen heißt es Good bye, also: Lebe wohl! Und Spanisch:
Vaya con dios – Geh mit Gott.

Abschied heißt auch absch(n)eiden, trennen, unterscheiden, entscheiden.
Beim Abschiednehmen geht es sowohl um die Trennung von dem Bisherigen als auch um den Wunsch, etwas oder jemanden nicht aus den Augen zu verlieren. Man will trotz des momentanen Verlusts auch weiter und *wohl* leben.

Wer von einem Menschen für immer Abschied nehmen musste, ehrt diesen Menschen auch dadurch, dass man das eigene Leben nicht mit begräbt. Abschied nehmen heißt auch: sich dem Leben wieder zuwenden!

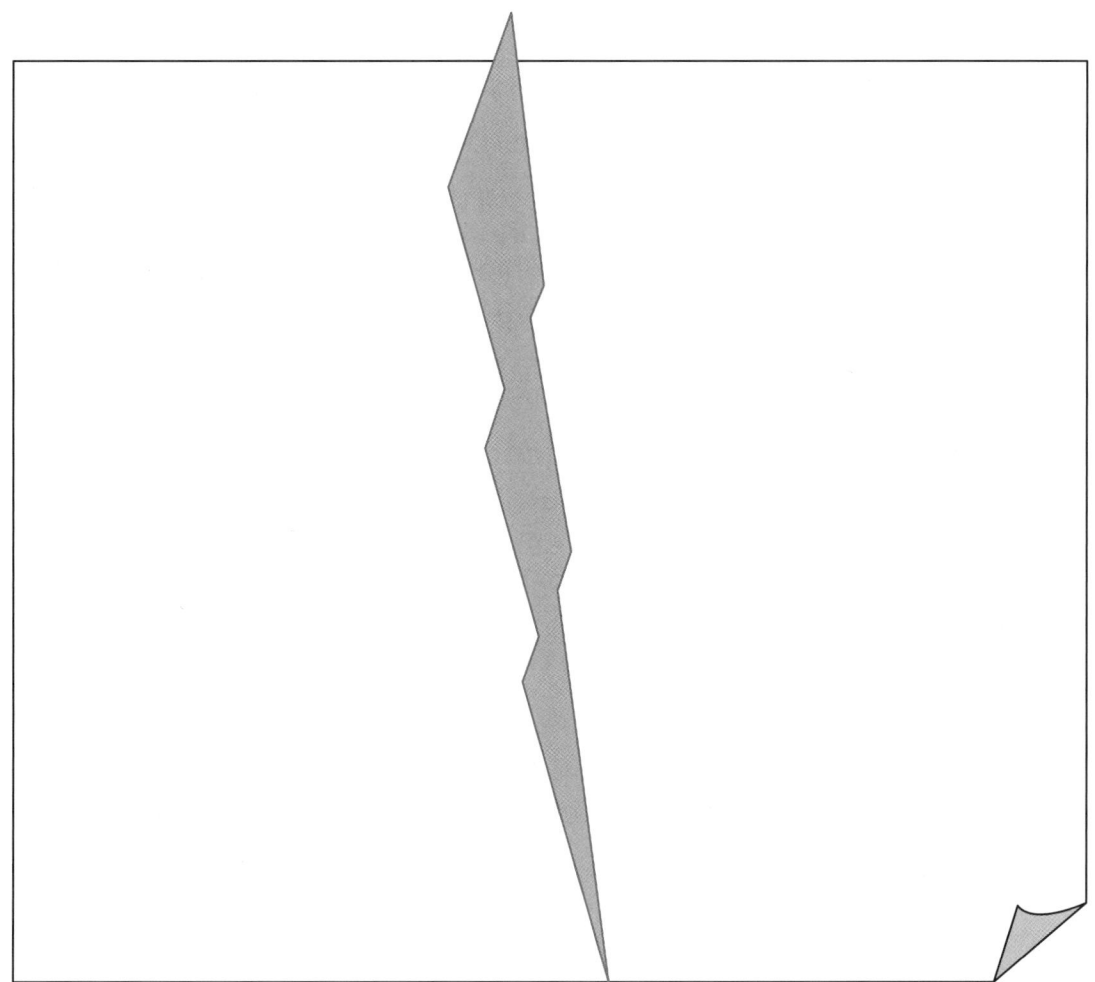

Gestalte mit Worten, Zeichen oder einer Zeichnung einen Abschied – das Vorher und das zum Leben offene Nachher.

Geknickt, nicht zerbrochen

Wenn der Verlust eines Menschen alles verändert und viele neue Fragen aufwirft, ist in einem und um einen viel Unruhe. Da tut es gut, auch mal zur Ruhe zu kommen und die Stille zu entdecken. Und vielleicht auch über ein Wort aus der Bibel nachzudenken:

> Das geknickte Rohr wird er nicht zerbrechen,
> und den glimmenden Docht wird er nicht auslöschen!
> Jesaja 42,3

Der Tod kann einen ganz schön runterziehen und fertig machen. Er kann dir die Luft zum Atmen rauben. Das ist nicht zu beschönigen: Der Tod ist nicht schön. Der Tod ist grausam und kommt meistens dann, wenn wir gar nicht damit rechnen oder sowieso ganz kraftlos sind. Wie ein Schilfrohr, wie ein Grashalm, der geknickt ist und nicht mehr aufrecht stehen kann, fühlt man sich dann – oder wie ein Docht, der kaum noch glimmt, so ausgebrannt …

Dann lass dir zusprechen : Da ist jemand, der sieht, wie kraftlos und ausgebrannt du bist. Jemand – damit meint der Prophet Jesaja einen ganz Bestimmten: den Gottesknecht, so nennt er ihn. Wir glauben, er meint Jesus, Gottes Sohn. Der lässt dich jetzt nicht ganz kaputt gehen, er nimmt deine letzte Kraft nicht auch noch.

Allerdings mutet Gott dir Schweres zu. Gott lässt es zu, dass du schwere Zeiten erlebst. Oder sogar ganz, ganz schwere Zeiten. Aber er hat versprochen: Gerade dann bin ich bei dir und unterstütze dich.

Tauscht eure Gedanken zu diesem Text aus. Empfindet ihr ihn als tröstlich?

Geteiltes Leid ...

> Als aber die drei Freunde ... all das Unglück hörten, das über ihn gekommen war, kamen sie, ein jeder aus seinem Ort ... Denn sie waren eins geworden hinzugehen, um ihn zu beklagen und zu trösten ... Als aber die drei Freunde ... all das Unglück hörten, das über ihn gekommen war, kamen sie, ein jeder aus seinem Ort ... Denn sie waren eins geworden hinzugehen, um ihn zu beklagen und zu trösten ... Als aber die drei Freunde ... all das Unglück hörten, das über ihn gekommen war, kamen sie, ein jeder aus seinem Ort ... Denn sie waren eins geworden hinzugehen, um ihn zu beklagen und zu trösten ...

© Peter Pasternack

Das Wort, das einem hilft, kann man sich nicht selber sagen. Das Wort, das einem hilft, muss von außen kommen. Das ist auch ein guter Grund, in der Trauer nicht ganz allein zu sein. Eine Gedenkfeier oder ein Gottesdienst ist da eine Chance: Da können Worte vorkommen, die sonst vielleicht nicht oder nicht so aufgetaucht wären. Und du bekommst mit, dass es Menschen gibt, die lassen dich jetzt nicht allein. Da sind andere, die bereit sind, dich zu begleiten und für dich zu beten. Die sind da, gerade, wenn du geknickt bist. – Die und noch einer: „Das geknickte Rohr wird er nicht zerbrechen ...", sagt der Prophet Jesaja über Gottes Knecht, wir glauben: über Jesus. Das heißt: Da ist jemand, der jetzt wirklich mitbekommt, wie dir zumute ist. Da hat jemand Ahnung davon, wie geknickt du bist.

Tröste den Trauernden auf dem Bild – stelle ihm Menschen oder Worte zur Seite (aufkleben); der Text, den du damit zudeckst, ist ein Beispiel geteilter Trauer aus dem Hiobbuch (Hiob 2,11).

Trauer ist nicht gleich Trauer

Kein Abschied gleicht dem anderen. Wenn ein Mensch trauert, kann das ganz verschieden aussehen. Jeder Mensch empfindet den Tod eines anderen anders. Manchmal sogar erschreckend anders!

Lies, wie Menschen auf eine Todesnachricht reagiert haben. Kannst du eigene Erfahrungen ergänzen? Und wie geht Kai mit seiner Trauer um?

„Ich hab gesagt: Das ist nicht wahr. Das ist doch nicht wahr."

„Ich hab so getan, als ob nichts wäre."

„Ich habe drei Tage lang im Bett gelegen, Vorhänge zu. Nichts sehen, nichts hören, am liebsten: nichts fühlen."

„Ich glaube, ich habe die Küche saubergemacht."

„Schokolade. Je trauriger ich bin, desto mehr."

Seh ich nicht cool aus? Tja, so bin ich eben. Ich lasse niemanden sehen, was ich denke. Neulich habe ich meine Mutter aus der Fassung gebracht. Sie ist aber auch ganz schön empfindlich. Bobby war gestorben, unser Kater. Mama war traurig und sie dachte, dass ich auch traurig wäre. Sie wollte mich trösten. Aber ich sagte: „Was soll's? So ist das Leben. Er hat sowieso ziemlich genervt." Sie ist vor Schreck blass und starr geworden. „Hast du denn kein Herz?", hat sie gesagt. Dann ist sie weggegangen. Und ich bin in mein Zimmer gelaufen und hab geheult wegen Bobby. Aber nur hinter der Brille.

Kai P., 13 Jahre

Tod im Krankenzimmer

Edvard Munch, der berühmte norwegische Maler, hatte vier Geschwister: drei Schwestern und einen Bruder. Sie hießen Sophie, Laura, Inger und Andreas. Sein Vater war Arzt, Militärarzt. Die Mutter war zwanzig Jahre jünger als sein Vater. Sie starb, als Edvard Munch gerade fünf Jahre alt war, an Tuberkulose. Der Tod der Mutter veränderte alles. Die älteste Tochter Sophie musste nun für den Haushalt sorgen.

So ein richtiges Zuhause gab es für Edvard eigentlich nie. Immer wieder musste er sich an eine neue Wohnung in einem anderen Teil der Stadt gewöhnen. Und dann auch noch das: Sophie war gerade fünfzehn Jahre alt, da starb sie an der gleichen Krankheit wie ihre Mutter …

Du kannst dir das Gemälde im Internet anschauen (z.B. bei Google).

16 Jahre *nach* Sophies Tod malte Edvard Munch das Bild „Der Tod im Krankenzimmer", die Sterbestunde seiner Schwester Sophie. Alle Familienmitglieder malte er in *dem* Alter, das sie zur Entstehungszeit des Bildes hatten – nicht so alt, wie sie damals gewesen waren. Es ist ein Erinnerungsbild.

Siehst du die Trauer der Familienmitglieder? Was denken sie, fühlen sie? Trage es in die Nachzeichnung ein. Was kann der Titel des Gemäldes *noch* bedeuten: Der Tod im Krankenzimmer?

Tod im Krankenzimmer - Lösungsvorschlag

In einem kalten Zimmer steht Edvard mitten in seiner Familie. Seine Schwester Sophie sitzt auf einem Stuhl mit hoher Lehne. Sie ist kaum sichtbar. Ihr Kopf ist von einem Kissen verdeckt. Rechts neben ihr steht die Tante. Vor dem Stuhl steht der Vater – alt und zusammengesunken, betend. Im Vordergrund sind Edvard selbst und seine beiden anderen, jüngeren Schwestern zu sehen. Sie sind ganz eng beieinander. Und doch ganz nebeneinander – beziehungslos. Laura sitzt. Man kann sie von der Seite sehen. Sie hat den Kopf gesenkt, die gefalteten Hände auf den Knien. Inger steht hinter ihr mit einem strengen, starren Gesicht und weit aufgerissenen Augen. Edvard hat sich seiner Schwester auf dem Stuhl zugewendet. Sein Blick scheint leer. Schaut er überhaupt hin? Er wirkt irgendwie wie gelähmt. Sein Gesicht hat die gleiche Farbe wie das Kissen. In der Ecke steht Andreas mit erhobenem Arm. Will er eine Tür öffnen? Hat er sich an die Wand gelehnt? Er löst sich von den anderen.
Alles wirkt wie gelähmt. Totenstille. Das Zimmer ist nur spärlich ausgestattet. Über dem Bett hängt ein Bild. Auch ein paar Medizinflaschen sind zu erkennen, die auf dem Nachttisch stehen. Ein Nachttopf unter dem Bett.
Jede Person ist für sich allein, eingeschlossen in ihre Einsamkeit. Der Tod verschlägt allen die Sprache. Man kann nicht miteinander. Kann man ohne einander?

Vergleicht diese Interpretation mit eurem eigenen Versuch. Findet ihr Gemeinsamkeiten?

_____

_____

_____

_____

_____

_____

Von den fünf Geschwistern hat nur Andreas geheiratet, war aber wenige Monate nach der Hochzeit gestorben. Edvard Munch und seine jüngere Schwester waren oft melancholisch oder depressiv.

Trauer …

Das Wort „Trauer" bedeutet nach alt- und mittelhochdeutschem Sprachgebrauch: niederfallen, matt- und kraftlos werden, den Kopf sinken lassen, die Augen niederschlagen.

Wenn du diese Formulierungen vor Augen hast, kannst du Menschen vor dir sehen, die in ihrer Körperhaltung schon allerhand signalisieren.

Die Trauer lässt keine aufrechte Haltung mehr zu.

Sie sind niedergeschlagen.

Ihr Herz ist wund.

Ihre Gedanken gehen im Kreis.

Ihre Trauer bedrückt sie.

Ihr Schmerz legt sich wie ein schwarzes, schweres Tuch über sie.

Sie sind wie gelähmt.

Welche Haltung wäre für dich eine typische Trauerhaltung? Skizziere sie – passt sie zu dem oben angegebenen „Lexikon"-Wissen über die Herkunft des Wortes Trauer?

... und Trost

Die Trauer ist ein starkes Gefühl. Sie ergreift vom ganzen Menschen Besitz! Man kann von ihr regelrecht hin- und hergerissen werden. Manchmal hältst du es mit dir selbst nicht mehr aus. – Was wünschst du dir, wenn du traurig bist, von anderen Menschen?

- Willst du allein sein?
- Brauchst du deine Ruhe?
- Reicht dir ein Arm auf deiner Schulter?
- Möchtest du reden?
- Ist Schweigen für dich heilsam?

Vielleicht ändern sich deine Bedürfnisse auch nach einiger Zeit ...?

Was hältst du von folgenden Ideen?

- etwas in ein Tagebuch oder einen Brief schreiben
- einen Text/ein Gedicht verfassen
- etwas zeichnen oder malen
- etwas töpfern oder gestalten
- singen, komponieren, musizieren
- gehen, laufen, tanzen, wandern
- Ruhe, Meditation, Einkehr
- einen Baum pflanzen
- einen Blumenstrauß gestalten
- Bilder anschauen
- beim Einkaufen und Dinge erledigen helfen
- zu anderen Menschen gehen

Gefühle, die bei Trauer auftreten

HILFLOSIGKEITANGSTSCHOCKABGESTUMPFTHEIT
BETÄUBUNGWUTSEHNSUCHTKUMMERSCHULDGEFÜHL
VERZWEIFLUNGAGGRESSIONLACHENZORNBEFREIUNG
GLEICHGÜLTIGKEITERLEICHTERUNGSELBSTMITLEID
EINSAMKEITHASSMINDERWERTIGKEITLIEBELEERE
DANBARKEITSCHMERZ

_____

_____

_____

_____

_____

_____

_____

Welche Gefühle kommen deinen nahe? (unterstreichen)
Welche Gefühle erwartest du bei dir gar nicht? (streichen)
Welche fehlen? (weiterschreiben)

Welche Gefühle kannst du bei anderen gut aushalten?

Ich will euch trösten,
wie jemand von seiner Mutter getröstet wird.
Jesaja 66,13

Kannst du dir das gut vorstellen?
Kannst du dir das als gut vorstellen?

○ Ja   ○ Nein

weil _____

Bleibe bei uns

Du kannst Janet Brooks-Gerloffs Bild „Unterwegs nach Emmaus" im Internet anschauen: z.B. bei Google unter dem Stichwort „Emmaus".

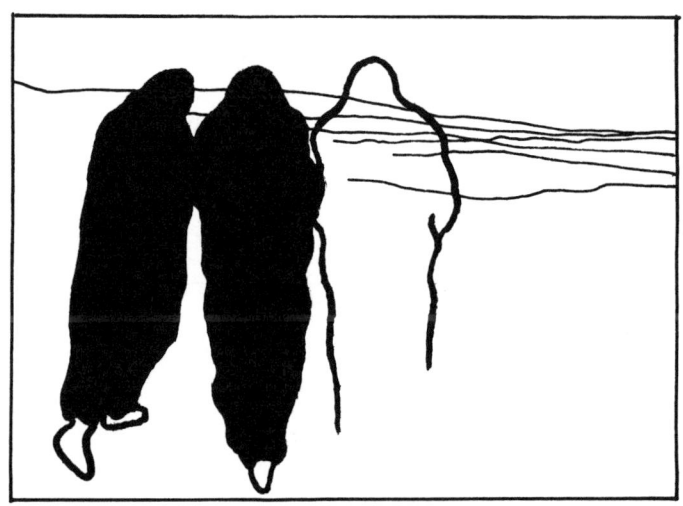

Er ist fort.
Er kommt nicht wieder.
Aber er ist da.

Was haben diese drei Sätze mit dem Bild zu tun? ...
Lies die Geschichte von den Emmaus-Jüngern – Lukas 24,13–33. Schreibe Worte heraus, die Mut machen können – nach dem Abschiednehmen.

Hoffnungen

Guter Hoffnung sein ...
Es bleibt zu hoffen ...
Die Hoffnung stirbt zuletzt ...
Hoffentlich änderst du dich noch ...
Hoffentlich schaffe ich das doch ...

Wer hofft, hat noch nicht aufgegeben. Wer hofft, setzt auf einen Punkt noch einen drauf und macht ihn so zum Doppelpunkt!

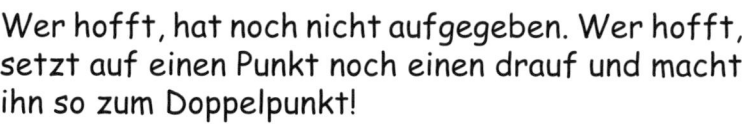

Erzähle von einem Menschen, dessen Hoffnung sich erfüllt hat, oder von einem Menschen, dem eine bestimmte Hoffnung Kraft zum Weiterleben gibt.

_____

_____

_____

_____

_____

_____

_____

_____

_____

In einem Satz: Was ist der Zauber der Hoffnung?

Wie Saat und Ernte

Weizen – was steckt
da alles drin?
Ein Keim,
ein Spross,
ein Halm.
Am Halm
die Ähre.
Viele Körner,
um Brot daraus
zu backen.

Jesus Christus spricht:
Wenn das Weizenkorn nicht in die Erde fällt und erstirbt,
bleibt es allein; wenn es aber erstirbt, bringt es viel Frucht.

Johannes 12,24

Paulus schreibt:
Es wird gesät verweslich und wird auferstehen unverweslich.
Es wird gesät in Niedrigkeit und wird auferstehen in Herrlichkeit.
Es wird gesät in Armseligkeit und wird auferstehen in Kraft.
Es wird gesät ein natürlicher Leib und wird auferstehen
ein geistlicher Leib.

1 Kor 15,42-44

Entdeckst du in den Texten Hoffnungszeichen? Was macht *dir*
Hoffnung?

_____

_____

_____

_____

_____

Guter Hoffnung

Was hat sie alles ausgestanden?
Neun Monate
Ungewissheit
Fragen
Übelkeiten
Ängste
Sorgen
Unruhe
Ungeduld
Bangen
Viele Stunden Wehen.

Weiß sie's noch?

Hoffen hat zu tun mit ...

Geduld _____

Vertrauen _____

Zeit _____

Trotz _____

Durchhalten _____

Aushalten _____

Bedenken _____

Sich erinnern _____

Schreib jeweils einige Stichworte, die dir dazu einfallen.

Nie wieder gut …?

Oft kann einen etwas ein Leben lang verfolgen:
ein Missverständnis,
eine Blamage,
eine Gemeinheit,
eine Schuld,
eine Äußerung,
eine verpasste Chance.

Und immer wieder, wenn diese Sache hochkommt
oder hoch kocht, wird klar:
Das ist nicht so leicht zu vergessen,
die Folgen sind noch zu spüren,
damit ist man noch nicht fertig,
es hat sich noch nicht erledigt,
die Konsequenzen bleiben,
da kann einer doch nicht ungeschoren davonkommen!

Wenn etwas keine Folgen mehr hat oder haben soll, sagt man:
„Es hat sich erledigt!"
oder „Wir sind quitt!"
oder „Schwamm drüber!"
oder „Ist schon gut …"
oder …?

Jedenfalls soll alles wieder in Ordnung sein, richtig gut sein. Und oft genug ist zu spüren: So richtig okay ist es doch nicht. Da bleibt noch so ein ungutes Gefühl, ein Beigeschmack, ein Unterton, ein Rest.

Male weitere „Seelenvögel" in den
Text. Ihre Haltung und ihre Mimik
drücken aus, wie sich einer
fühlt, der so belastet ist …

Das Jüngste Gericht

Christen glauben daran, dass tatsächlich einmal alles okay sein wird – ohne Wenn und Aber … und auch nicht halbherzig. Es wird wirklich einmal alles gut werden. Am Tag nach allen Tagen. Nicht einfach so oder so ohne Weiteres, sondern durch einen Beschluss von oberster Stelle. Dann ist Schluss. Dann sind die Würfel gefallen.

Diese grundsätzliche Entscheidung ist eine endgültige Ent-Scheidung. Ein allerletztes, für das Ende gültiges Urteil über alle Menschen, über Lebende und Tote. Dieses letzte Wort steht dem zu, der das Leben über alles liebt und unbestechlich ist.

Die Bibel nennt dies das Jüngste Gericht - also die Entscheidung, nach der nichts mehr kommen kann. Dann wird sich zeigen, zu welchem Urteil über uns derjenige kommt, der alles in Händen hat und mitbekommt. Dann kommt endlich raus, wie unser Leben wirklich zu sehen ist. Dann erfährt jeder Mensch noch mal Gerechtigkeit pur.

Kennst du Bilder vom Jüngsten Gericht?
Schreckensbilder – Hoffnungsbilder? Was denkst du dir dabei?

_____

_____

_____

_____

_____

_____

„Da wird sein Heulen und Zähneklappern …" ?
Der Evangelist Matthäus liebt diese Worte.
Ich finde sie furchtbar.
Aber ich glaube:
Von Gott dürfen wir Besseres hoffen.

Barmherzig, geduldig und gnädig ist er,
viel mehr, als ein Vater es kann …

Alles wird gut …?

Nur mal angenommen, das Jüngste Gericht würde ausfallen …
Nur mal angenommen, die letzte Entscheidung würde nie fallen …

Manchen würde das vielleicht gefallen, manche haben daran Interesse. Es würde ihnen eine Menge erspart bleiben. Sie könnten sicher sein, dass sie auf immer und ewig ungestraft blieben. Ihr Unrecht würde nie entdeckt werden.
Doch auch die andere Seite käme zu kurz: Die Wahrheit käme nie ans Licht. Die Sünde würde ignoriert. Die Schuld würde einfach unter den Teppich gekehrt liegen bleiben. Keiner wüsste, wie etwas eigentlich gemeint war. Die Unterstellungen würden nie richtig gestellt werden. Der Größte müsste niemals klein beigeben. Der Titel der TV-Serie „Kein Opfer ist je vergessen" wäre eine Farce. Unrecht und Unwahrheit hätten triumphiert.
Wer vom Jüngsten Gericht redet, spricht also letzten Endes von etwas Gutem, von Gerechtigkeit. Denn diese letzte Entscheidung wird Schluss machen mit meinen vorschnellen Entscheidungen auf diesem Planeten. Sie wird entlarven, wie voreingenommen ich oft bin. Dann wird rauskommen, was wirklich los war mit den anderen und mit mir.

Schlag nach – in der Bibel finden sich Gebete von Opfern, die ihre Hoffnung darauf richten, dass es einmal Gerechtigkeit geben wird: Psalm 53, 68, 73.

Sammle Stichworte.

_____

_____

_____

_____

_____

_____

_____

_____

In Gottes Hand

Wenn Gott entscheidet und scheidet, wird das unendlich tiefer gehen als all das, was wir unter uns Menschen an Maßstäben kennen. Dann zählen nicht mehr unsere Beurteilungen und Katalogisierungen von Menschen nach Besitz, Klamotten, Leistung, Einstellung usw. Dann ist entscheidend, worauf ich mich in meinem Leben verlasse. Dann kommt es darauf an, wer mir den Rücken stärkt. Dann zählt mein Vertrauen: Ich bin in einer guten Hand und niemand – auch ich selbst nicht! – kann mich aus dieser Hand reißen! (Johannes-Evangelium 10,28f.)
Ich bin jemandem wichtig, der mir gegenüber ganz *pro* eingestellt ist, der für mich ist, auf den ich mich verlassen kann: Jesus Christus. – Und das, obwohl er Bescheid weiß über mich.
Wer schon hier im Leben Gott nicht links liegen lässt, der wird auch über den Tod hinaus erleben: „Nichts kann uns trennen von der Liebe Gottes, die in Jesus Christus ist, unserm Herrn!" (Römerbrief 8,38f.)
Wer auf Gott vertraut, für den hat sich das Jüngste Gericht quasi schon entschieden. Er weiß, dass das Urteil schon zu seinen Gunsten gefällt wurde und er nichts mehr zu fürchten braucht.

Du kannst nicht
tiefer fallen
als in Gottes Hand.

Das ist eine Weisheit, die du auf Trauerkarten und Anzeigen lesen kannst – oft sehr altmodisch aufgemacht. Gestalte eine Karte oder Anzeige mit dem Spruch so, dass sie Jugendliche anspricht.

Die drei Fragezeichen

? ? ?

Woher komme ich?   Wozu bin ich da?   Wohin gehe ich?

Diese drei Fragen bilden eigentlich eine einzige Frage.
Sie stellen mich durch ein Wort,
das in jeder Frage enthalten ist, infrage …
Gern nageln mich andere auf etwas fest.
Sie wollen mich in eine Schublade stecken.
Mir etwas an den Hals hängen.
Sie haben ein Bild von mir.

Weißt du, in was für Schubladen du steckst?
Oder was für ein „Label" du umhängen hast?

Rückfragen

Doch bin ich wirklich so und nicht anders? Bin ich darauf festgelegt? Bin ich auf das Urteil anderer angewiesen? Hängt mein Wert an der Meinung meiner Mitmenschen? Haben die überhaupt den Durchblick? Manchmal denke ich: Wenn die wüssten …!

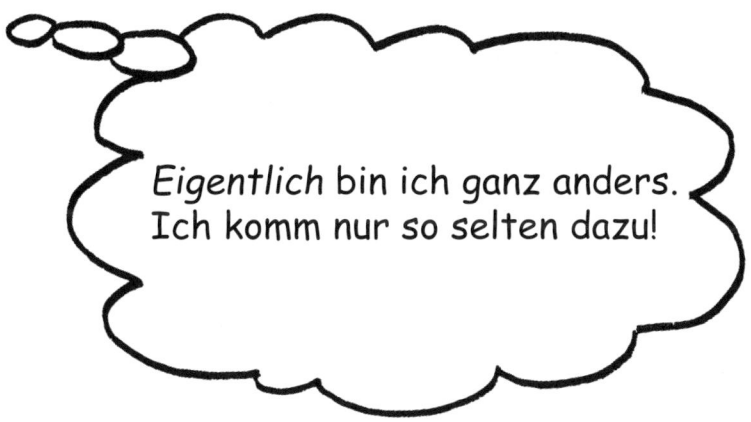

Eigentlich bin ich ganz anders.
Ich komm nur so selten dazu!

Eigentlich _____

Eigentlich _____

Eigentlich _____

Ein Checkliste zum Sich-Selbst-Gern-Haben: Was hältst du davon?

- Wann hast du dir zuletzt selbst auch etwas geschenkt?
- Wann hast du dir mal etwas gegönnt?
- Wann hast du einmal so richtig genossen, dass du da bist?

Das ist nicht nur erlaubt, das ist sogar nötig!
Wer nämlich nicht genießt, kann ungenießbar werden …

- Was könntest du dir schenken?
- Was würde dir so richtig Spaß machen?
- Gönne dir immer wieder einmal etwas Gutes!
- Warte nicht darauf, bis andere sich dir zuwenden.
- Schieb nicht das vor dir her, was jetzt für dich nötig ist.
- Lass dich nicht aufhalten, dem Leben zu begegnen.

Wer aufgibt, verpasst die Chance, etwas mit anderen Augen zu sehen.

Eine Antwort „von oben"

Gott spricht:
Ich habe dich je und je geliebt.
Ich habe dich zu mir gezogen
aus lauter Güte.

Jeremia 31,3

Gott spricht:
Fürchte dich nicht, denn ich habe
dich erlöst; ich habe dich bei deinem
Namen gerufen; du bist mein!

Jesaja 43,1b

Das hat Gott zu seinem Propheten gesagt – oder zu Israel, seinem erwählten Volk. Du kannst dich fragen: Was hat das mit mir zu tun? Kann das überhaupt für mich gelten?

Christen glauben: Durch Jesus Christus sind wir alle Gottes geliebte Kinder. In der Taufe nimmt Gott jeden Einzelnen an und nennt ihn beim Namen. Der Spruch von Jesaja 43 wird so gut wie jedem Täufling zugesprochen.

Erinnerst du dich an eine Taufe? Sieh dir im Gesangbuch Tauf- bzw. Konfirmationslieder an, zum Beispiel: Nr. 209, 212.

Über das Verhältnis von Gott und Mensch gibt die erste Schöpfungsgeschichte der Bibel Auskunft. Unterstreiche, was ins Auge fallen soll:

Und Gott sprach: Lasset uns Menschen machen, ein Bild, das uns gleich sei ... Und Gott schuf den Menschen zu seinem Bilde, zum Bilde Gottes schuf er ihn; und schuf sie männlich und weiblich ... Und Gott sah alles an, was er gemacht hatte, und siehe, es war sehr gut.

1 Mose 1,26a.27.31

Scherben

Ein Scherbenhaufen auf dem Weg
muss nicht das letzte Bild sein.
Gott sei Dank muss keiner
mit so etwas allein bleiben.

Jeder Mensch
braucht einen Menschen,
mit dem er einen Garten pflegt.

Jeder Mensch braucht
einen Menschen, mit dem er
einen Scherbenhaufen
bewältigen kann.

Wem nicht gleich spontan ein Mensch einfällt, bei dem auf Hilfe zu hoffen ist, der hat andere Möglichkeiten, ein offenes Ohr zu finden: Wie könntest du Kontakt aufnehmen – wer könnte dir wann weiterhelfen?
Suche für deine Stadt die Tel.-Nr. oder E-mail-Adressen.

Telefonseelsorge	☎ / @	_____
Sorgentelefon (Nummer gegen Kummer)	☎ / @	_____
Schulsozialpädagoge/-in	☎ / @	_____
Vertrauenslehrer/in	☎ / @	_____
Beratungslehrer/in	☎ / @	_____
Pfarrer/in (Kirchengemeinde)	☎ / @	_____
Psychologische Beratungsstelle	☎ / @	_____
Sozialstation	☎ / @	_____
Arzt/Ärztin	☎ / @	_____
Polizei	☎ / @	_____
Feuerwehr	☎ / @	_____

Du bist da

Manchmal treibt es mich wie Herbstlaub durch die Gassen.
Keine Zeit für ein Gespräch, für ein Gebet.
Doch auf einmal ...

_____

Und ich weiß, du hast mich niemals losgelassen.
Und ich spüre, wie die Unruhe vergeht.

Manchmal weiß ich, manchmal kann ich nicht mehr weiter.
Manchmal seh ich keine Tür mehr in der Wand.
Doch dann öffnet sich ein Weg, erst schmal, dann breiter.
Und dann ...

_____

Und ich atme auf und greif nach deiner Hand.

     Du bist da, bist der Frühling, wenn alles blüht.
     Du bist da, das ist gut.
     Du bist da, bist der Freund, der nie weiterzieht.
     Du bist da, tust mir gut.

_____

Manchmal ist es in mir einfach nur noch dunkel.
Manchmal fühle ich mich ausgebrannt und leer.
Doch dann ...

_____

Und ein Licht geht auf, das Herz ist nicht mehr schwer.
© Jürgen Werth, Wetzlar

Fülle die leeren Zeilen aus? Wem widmest du sie?

Bleibe bei uns

... denn es will Abend werden
und der Tag hat sich geneigt!

Lukas 24,29

Bleibe bei uns ... Das ist eine Bitte. Und gegenüber dem Auferstandenen ein Gebet. Da wenden sich welche an Gott und sind froh, dass es diese Adresse gibt. Dass es jemanden gibt, an den sie sich wenden können. Jemanden, der für sie zu sprechen ist. Den reden sie an und schütten ihr Herz aus.

Sie sagen, was sie wollen: Bleibe bei uns. Wie anders wäre das Leben im Alltag, wenn jeder offen sagte, was er oder sie tatsächlich will, wo der Schuh drückt, was sie braucht! Wie viel besser käme man klar, wenn man damit nicht hinterm Berg halten würde. Du, ich brauche dich jetzt, ich will, dass du da bist. Du, ich komme allein nicht klar, kannst du mir helfen?! Du, eine Umarmung, eine Zärtlichkeit täten mir jetzt wirklich gut! – Warum eigentlich warte ich ab, ob er oder sie meine Not von allein bemerkt? Wozu leide ich im Stillen?

Bleibe bei uns ... Bleib da! Zeig mir deine Nähe! Beschenke mich mit deinem Dasein. Denn es wird dunkel. Da werde ich unsicher. Da tauchen Ängste auf. Da kommen mir Sorgen und schwere Gedanken ... Wie gut, wenn ich damit nicht allein bin!

Eine Andacht – kannst du damit etwas anfangen? Schreib ein Motto heraus, das für dein Leben bedeutsam werden kann:

☞ _____

_____

_____

_____

_____

_____

_____

Träumen

Er ist auf der Flucht. Er hat sein Zuhause verloren. Sein Vater ist tot. Er weiß nicht, wie es weitergeht. Wohin soll er gehen? Am Abend sinkt er erschöpft zu Boden, ein Stein dient ihm als Kopfkissen. Wie betäubt schläft er ein, keine Kraft mehr zum Träumen. Aber ein Traum wird ihm geschenkt ...

Und ihm träumte, und siehe,
eine Leiter stand auf Erden,
die rührte mit der Spitze an den Himmel,
und siehe, die Engel Gottes
stiegen daran auf und nieder.
Und der HERR stand oben darauf und sprach:

1. Mose 28,12-15

Schlag nach und trage ein, was
Gott dem Flüchtling zusagt.
Was für Worte würdest du gern
hören, wenn sich der Himmel
über dir öffnet und eine Leiter
erscheint ...?
Rings um die Leiter ist Platz
zum Notieren.

Hinterm Horizont

„Ich glaube an den Heiligen Geist, die heilige christliche Kirche, Gemeinschaft der Heiligen, Vergebung der Sünden, Auferstehung der Toten und das ewige Leben." So heißt es im Glaubensbekenntnis, das in jedem christlichen Gottesdienst gesprochen wird. Anna sagt: „Da lüge ich ja. Ewiges Leben – kann ich mir nicht vorstellen."

Vielleicht nicht vorstellen – aber davon träumen? Und ausmalen?

Stelle dir etwa vor, das „ewiges Leben voraussetzt - vielleicht ein Wiedersehen mit Menschen, die du vermisst – oder mit Menschen von früher, die du gern kennengelernt hättest. Hier ist Platz für ihre Namen oder auch für Bilder von ihnen.

Verheißung

Und ich sah einen **neuen Himmel und eine neue Erde;**
denn der erste Himmel und die erste Erde sind vergangen,
und das Meer ist nicht mehr.
Und ich sah die heilige Stadt, das neue Jerusalem,
von Gott aus dem Himmel herabkommen,
bereitet wie eine geschmückte Braut für ihren Mann.
Und ich hörte eine große Stimme vom Thron her, die sprach:
Siehe da, die **Hütte Gottes** bei den Menschen!
Und er wird bei ihnen wohnen, und sie werden sein Volk sein
und er selbst, Gott mit ihnen, wird ihr Gott sein;
Und Gott wird abwischen alle Tränen von ihren Augen,
und der Tod wird nicht mehr sein,
noch Leid noch Geschrei noch Schmerz wird mehr sein;
denn das Erste ist vergangen.
Und der auf dem Thron saß, sprach: **Siehe, ich mache alles neu!**

Offenbarung 21,1-5

Eine Hütte Gottes bei den Menschen, keine Tränen, kein Tod, kein Leid – das
können Menschen allein nicht schaffen. „Pflanze" (beschrifte) so viele
Weizenkörner wie möglich mit Worten, die Hoffnung geben – in der Hoffnung,
dass sie in den Himmel wachsen.

Drüben

Bausteine für ein traumhaftes „Drüben"

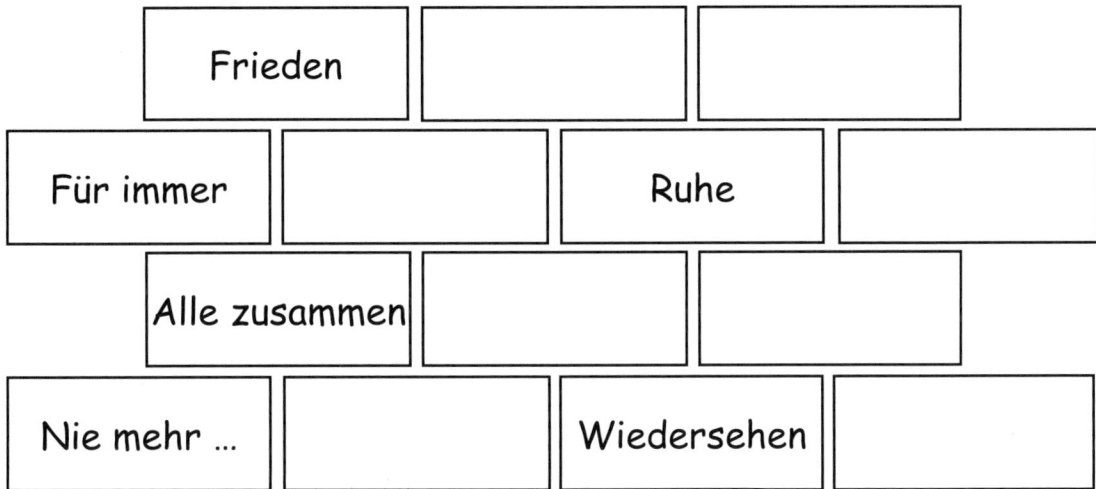

Fülle weitere Bausteine aus. Fügt sich daraus ein Gedicht?

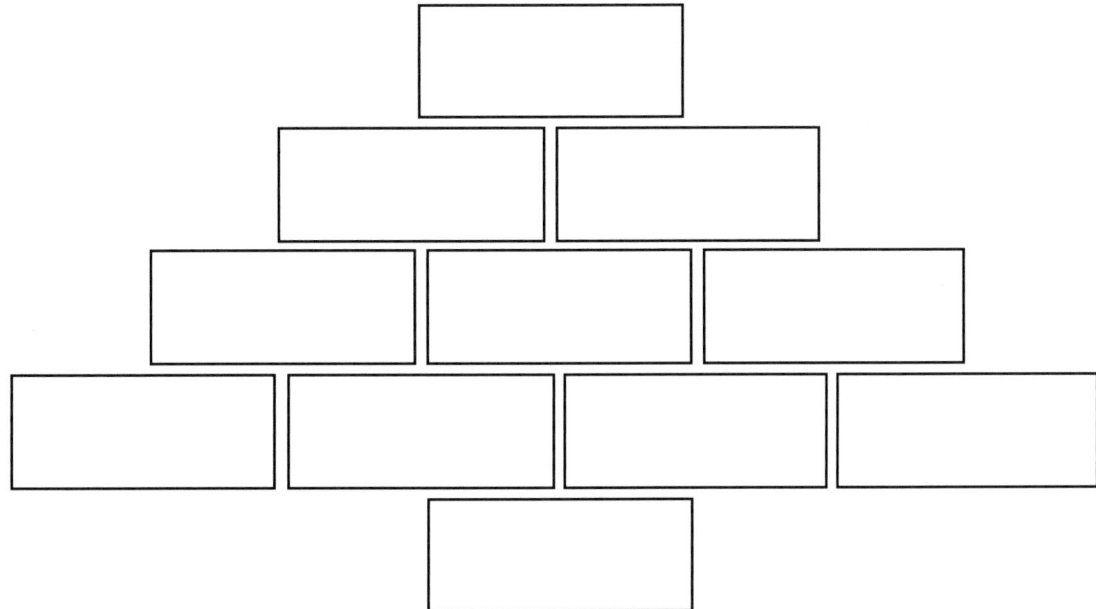

Plötzlich und unerwartet

Betrachte das Autofenster. Deute die Aufschrift, die Daten, die Zeichen. Führe ein kurzes Gespräch mit dem Autofahrer. Was würdest du ihn fragen wollen? Was wird er vermutlich antworten?

_____

_____

_____

_____

_____

_____

_____

_____

_____

Traueranzeigen, Beileidskarten und auch Grabsteine auf dem Friedhof geben oft Hinweise darauf, wie es weitergehen soll für die *Lebenden* – woraus kann man neue Kraft schöpfen; wie kann man dem Toten, der doch fort ist, nahe bleiben? Sammle solche Kraftquellen, „puzzle" dir Tröstliches zusammen.

Zum Glück?

„Das Leben geht weiter!"

„Alles halb so schlimm!"

„Mal sehen, was du daraus lernen kannst?!"

Diese Sätze hörst du immer wieder, wenn etwas Schlimmes passiert ist.
Hier ist Platz für Widerworte (der Text unten kann dir dabei helfen):
Zwar stimmt es, dass zum Glück auch der Schmerz gehört.

Nein, sondern
_____

_____

_____

_____

_____

_____

Aber kann ein anderer wirklich einschätzen, wie schlimm ein Verlust, eine Enttäuschung für dich ist?

Zwar stimmt es, dass zum Glück auch der Schmerz gehört.
Aber wenn du etwas Schreckliches erlebt hast, interessiert es dich da wirklich gleich, wie das Leben weiter geht? Willst du nicht erst mal so, wie du dich fühlst, ernst genommen werden?

Lass dir nicht einreden, dass du Glück gehabt hast und irgendwie auch etwas Gutes in deiner schmerzhaften Erfahrung drin steckt. Wenn überhaupt, kannst das nur du selbst behaupten! Lass dir den Blick für die Härte deines Verlusts nicht verstellen! Weiche nicht der Enttäuschung, dem Abschied aus. Es ist wichtig, dass du ungehindert trauern kannst.

Klagen dürfen

Ausgelöscht sei der Tag,
an dem ich geboren bin,
und die Nacht, da man sprach:
Ein Knabe kam zur Welt!

O Gott, lösch doch
_____
_____
_____
_____
_____

Warum gibt Gott Licht
dem Mühseligen
und das Leben
den betrübten Herzen?

Warum gibst du
_____
_____
_____
_____
_____

Denn was ich befürchtet habe,
ist über mich gekommen,
und wovor mir graute,
hat mich getroffen!

Ich habe es geahnt, Gott!
_____
_____
_____
_____
_____

Hiob verflucht den Tag seiner Geburt und sein Leben, nachdem er alles verloren hat, was er liebte. Schreib seine Klage zu einer Anklage um und fülle sie mit weiteren Klagen: Alles – Wut, Hass, Verzweiflung – darf vor Gott.

Beten

Es gibt vier „Arten" von Gebeten – Klage, Bitte, Lob und Dank – und dann noch jede Menge dazwischen. Das alles will Gott hören. Probiere aus, wie das ist, wenn man einfach alles, was einem auf der Seele brennt, vor Gott ausbreitet. Hier sind Anfänge – du kannst dir einen aussuchen und weiterschreiben.

Ach, Gott, ich bin ganz verzweifelt …   Hör mal, Gott, du hast …
Lieber Vater, hilf mir …   Kannst mir das erklären, Gott?
Gott, ich denke zurück …   Vater unser im Himmel …

Der Tod gehört zum Leben, aber das Leben gehört nicht dem Tod

Trost empfangen

Und ob ich schon wanderte im finstern Tal, fürchte ich kein Unglück;
denn du bist bei mir.
Psalm 23,4

Ich aber, HERR, hoffe auf dich und spreche: Du bist mein Gott.
Meine Zeit steht in deinen Händen.
Psalm 31,15

Kommt her zu mir, alle, die ihr mühselig und beladen seid;
ich will euch erquicken.
Matthäus 11,28

Denn ich bin gewiss, dass weder Tod noch Leben, weder Engel noch Mächte noch
Gewalten, weder Gegenwärtiges noch Zukünftiges, weder Hohes noch Tiefes
noch eine andere Kreatur uns scheiden kann von der Liebe Gottes,
die in Christus Jesus ist, unserm Herrn.
Römerbrief 8,38

In der Welt habt ihr Angst; aber seid getrost, ich habe die Welt überwunden.
Johannes 16,33

Menschen haben gerade in dunklen Zeiten diese Sätze aus der Bibel als Hilfe
und Trost erlebt. – Überlege, welcher davon dich trösten könnte, und schreib
ihn dir als „Denkzettel" auf.

Psalm 23

1 Korinther 13,13

Offenbarung 2,11

Jesaja 43,1

1 Samuel 16,7

Matthäus 6,10

Jesaja 40,31

Johannes 14,19

Wenn Trauer ins Leben eingezogen ist ...

Auf den Seiten, die du bearbeitet hast, hast du Impulse, Informationen und Ideen gefunden, die helfen, Trauer, Tod und Tränen zu begegnen.

Das hat gut getan ...

Das hat mich erschreckt ...

Das hat mich geärgert ...

Fragen sind geblieben ...

Das nehme ich mit ...

Deine nächsten Schritte
musst du zwar selbst gehen,
aber nicht allein.